Für

Von

Ich liebe die Welt,
die Sonne,
die Erde,
die Blumen,
die Vergnügungen,
die Jugend,
die Schönheit;
ich habe Durst nach
Glück!

Malwida von Meysenbug

Was der **Sonnenschein** für die Blumen ist,
das sind lachende **Gesichter** für die Menschen.

Joseph Addison

Riskiere etwas!

Riskiere was auch immer …!
Tu, was dir am schwersten fällt.
Handle deinetwegen.
Blicke der Wahrheit ins Gesicht.

Katherine Mansfield

Die Welt ist voll von kleinen **Freuden;**
die **Kunst** besteht nur darin, sie zu sehen,
ein Auge dafür zu haben.

Li Bai

Sonnenschein ist köstlich,

Regen erfrischend,
Wind fordert heraus, Schnee macht fröhlich;
im Grunde gibt es kein schlechtes Wetter,
nur verschiedene Arten von gutem.

John Ruskin

Zeit für dich

Nimm dir am Morgen Zeit für dich, wenn dein Tag beginnt. Trink entspannt einen Tee oder Kaffee, lies etwas oder genieße einfach die Ruhe, bevor der Trubel des Alltags beginnt. Solche Morgenrituale können helfen, positiv und selbstbestimmt in den Tag zu starten.

Die Kraft, Schönheit in den einfachsten Dingen zu finden, macht das Zuhause **glücklich** und das Leben liebenswert.

Louisa May Alcott

Es ist süß,
ganz aufzugehen in
das große Schweigen
und eins zu werden
ganz mit der Natur.

Hermann Allmers

Die **Stille** der Nacht oder des Waldes
kann der **Seele** ein Hilfsmittel sein,
in ihre eigenen Tiefen hineinzulauschen.

Friedrich Lienhard

Farben sind das Lächeln der Natur
und Blumen sind ihr Lachen.

James Henry Leigh Hunt

Stell eine Blume vor das Fenster dein,
so lässt sie dir keinen bösen Gedanken herein.

Friedrich Rückert

Mach dir eine kleine Freude und hol dir
mit Blumen etwas Farbe in den Alltag.
Ob als wunderschöner Strauß im Wohnzimmer
oder als wilde Wiese im Garten,
Blumen können in ihrer Farbenpracht
das ganze Jahr über bewundert werden.
Manchmal reicht schon der Duft der Blüten,
um sich zu freuen.
Gibt es vielleicht eine Blume,
die du am liebsten hast?

Sonnige Gedanken

Begeistere dich für das Leben.
Das bloße Gefühl zu leben,
ist Freude genug.

Emily Dickinson

Ich war gestern in der größten Harmonie
über alle mir bekannten Dinge
und in der vollständigsten Seelenruhe;
und fühlte, dass das Glück ist;
und fühlte dabei in vollstimmigsten
zugleich tönenden Akkorden alles Leben
meines Herzens.

Rahel Varnhagen von Ense

Der verlorenste aller Tage ist der,
an dem man nicht gelacht hat.

Nicolas Chamfort

Durch **Lächeln** und noch mehr durch **Lachen** wird die kurze Spanne des Lebens verlängert.

Laurence Sterne

Im Lachen liegt der Schlüssel,
mit dem wir den ganzen Menschen
entziffern.

Thomas Carlyle

Wir können erst glücklich sein,
wenn wir gelernt haben,
über uns selbst zu lachen.

Dorothy Dix

Hab Geduld mit allen Dingen,
aber besonders mit dir selbst.

Franz von Sales

Nicht die **Glücklichen**

sind dankbar.

Es sind die **Dankbaren,**

die glücklich sind.

Francis Bacon

Schenke dir selbst jeden Tag

die schönsten Momente und bade Körper,
Seele und Geist in innerer Harmonie.

Sarah Bernhardt

Zeit für dich

Gönne dir ein bisschen Wellness in deinem Alltag. Oftmals reichen schon Kleinigkeiten, um dir etwas Gutes zu tun. Wie wäre es mal wieder mit einem wohltuenden Körperpeeling?

Kleiner Tipp:

Mit etwas Öl und Zucker oder Meersalz lässt sich schnell ein Peeling selbst zubereiten. Für eine fruchtige Note kann etwas gepresster Orangen- oder Zitronensaft hinzugegeben werden. Achte dabei stets darauf, ob sich die Mischung auf deiner Haut gut anfühlt, und füge je nach gewünschter Konsistenz noch mehr Öl oder Zucker/Salz hinzu.

Es gibt nichts, wofür man Zeit findet.
Wenn man Zeit haben möchte,
muss man sich welche schaffen.

Leopold von Ranke

Finde dich,
sei dir selber treu,
lerne dich verstehen,
folge deiner Stimme,
nur so kannst du das
Höchste erreichen.

Bettina von Arnim

Drei Dinge helfen,
die Mühseligkeiten des Lebens zu tragen:
die Hoffnung, der Schlaf und das Lachen.

Immanuel Kant

Die besten Freuden im Leben

kommen nicht von außen, sondern
aus dem Bewusstsein unseres Wertes
und dessen, was wir für andere sind.

Clara Blüthgen

Honig-Granola

360 g kernige Haferflocken
150 g Mandeln, gehackt
1 TL Salz
¼ TL Zimt
100 g Kokosöl, geschmolzen
120 g Honig
½ TL gemahlene Vanille
50 g getrocknete Cranberrys

Den Ofen auf 200 °C (180 °C Umluft) vorheizen und ein Backblech mit Backpapier auslegen. In einer Schüssel Haferflocken, Mandeln, Salz und Zimt vermengen. Das Öl mit Honig und Vanille verrühren und über die Haferflocken-Mischung geben. Gründlich vermischen und gleichmäßig auf dem Backblech verteilen.
In ca. 25 Min. leicht goldbraun backen. Zwischenzeitlich wenden. Sobald das Granola abgekühlt ist, die Cranberrys untermischen. Luftdicht verschlossen hält sich das Granola etwa 2 Wochen.

Leib & Seele

Dass uns eine Sache fehlt,
sollte uns nicht davon abhalten,
alles andere zu genießen.

Jane Austen

Für den Wert des Menschen ist
die Güte des Charakters das Höchste,
aber für das Zusammenleben sind Humor
und Temperament noch wichtiger.

Franz Grillparzer

In einem dankbaren Herzen
herrscht ewiger Sommer.

Celia Thaxter

Denke nicht so oft
an das,
was dir fehlt,
sondern an das,
was du hast.

Mark Aurel

Dankbarkeit ist…
eine Haltung,
ein Gefühl,
tiefe Wertschätzung,
ein Weg zum Glück.

Denke jeden Tag an mindestens eine Sache, für die du dankbar bist und die dich zum Lächeln bringt.

MB

Sonnige Gedanken

Lasst uns dankbar sein
gegenüber Menschen,
die uns **glücklich** machen.
Sie sind liebenswerte Gärtner,
die unsere Seele zum
Blühen bringen.

Marcel Proust

Es sind die **Begegnungen** mit Menschen,
die das Leben **lebenswert** machen.

Guy de Maupassant

Nicht da ist man daheim,
wo man seinen Wohnsitz hat,
sondern da,
wo man verstanden wird.

Christian Morgenstern

Ein Lächeln ist ein Licht, das Leben und Hoffnung sichtbar macht.

Thérèse von Lisieux

Schön ist es, miteinander zu schweigen,
schöner - miteinander zu lachen.

Friedrich Nietzsche

Die Langsamkeit bietet die Chance,
das, was wir tun, auch zu erleben.

Henriette Wilhelmine Hanke

Dann und wann ist es gut,
in unserem Streben nach Glück zu pausieren
und einfach glücklich zu sein.

Guillaume Apollinaire

Wolken!

Welch unerschöpflicher Grund des
Entzückens für ein Paar Menschenaugen.

Rosa Luxemburg

Zeit für dich

Der Alltag ist meist durch die Arbeit, die Familie oder andere Verpflichtungen stark getaktet.

Nimm dir trotzdem möglichst oft die Zeit, um Neues zu entdecken und einfach mal den Kopf frei zu bekommen. Lass dich doch mal spontan treiben, lauf einfach drauf los.

Wo landest du?
Was siehst du?
Wen triffst du?

Es gehört zum Begriff des Spazierengehens, dass man keinen ernsthaften Zweck damit verbindet.

Wilhelm von Humboldt

Es ist doch erstaunlich,
was ein einziger Sonnenstrahl mit der Seele
des Menschen machen kann.

Fjodor M. Dostojewski

Glück entsteht oft durch Aufmerksamkeit in
kleinen Dingen,
Unglück oft durch Vernachlässigung
kleiner Dinge.

Wilhelm Busch

Kein Leben ist so hart,
dass man es nicht leichter machen könnte
durch die Art, wie man es nimmt.

Ellen Glasgow

Pancakes mit Beeren

- 2 EL gemahlene Leinsamen
- 250 g Mehl
- 2 EL Zucker
- 2 TL Backpulver
- ½ TL Natron
- ½ TL Salz
- 500 ml Sojamilch
- 2 TL Apfelessig
- 2 TL Kokosöl
- 200 g Beeren nach Wahl
- Ahornsirup nach Belieben
- Pflanzenöl zum Ausbacken

Leinsamen mit 5 EL Wasser vermischen und beiseitestellen. Den Ofen auf ca. 75 °C vorheizen. In einer großen Schüssel Mehl, Zucker, Backpulver, Natron und Salz vermengen. In einer kleinen Schüssel Sojamilch und Essig verschlagen, Kokosöl und eingeweichte Leinsamen unterrühren. Zum Mehlgemisch geben und kurz miteinander vermengen. Eine Pfanne erhitzen, Öl hineingeben und je Pancake 2 EL Teig bei mittlerer Hitze backen. Nach ca. 2 Min. erscheinen kleine Bläschen auf der Oberfläche. Pancake wenden und fertig backen. Im Ofen warmhalten. Mit frischen Beeren und Ahornsirup servieren.

Leib & Seele

Begrüßt dich am Morgen
ein freundliches Gesicht,
ein gutes Wort,
ein Liebesdienst,
so durchsonnt es dir dein Herz
für den ganzen Tag.

Karl Immermann

Seelenruhe, Heiterkeit und Zufriedenheit

sind die Grundlagen allen Glücks,
aller Gesundheit und des langen Lebens.

Christoph Wilhelm Hufeland

Kehr in dich still zurück,
ruh in dir selber aus,
so fühlst du höchstes Glück.

Friedrich Rückert

Fröhlich sein, Gutes tun –
und die Spatzen pfeifen lassen!

Don Bosco

Die meisten Menschen wissen gar nicht,
wie schön die Welt ist und wie viel
Pracht in den kleinsten Dingen,
in einer Blume, einem Stein, einer Baumrinde
oder einem Birkenblatt sich offenbart.

Rainer Maria Rilke

Beginne jeden Morgen mit einem guten Gedanken.

Carl Hilty

Stelle dir jeden Morgen diese drei Fragen:

Was ist gut in meinem Leben?
Worüber kann ich glücklich sein?
Wofür kann ich dankbar sein?

Henry David Thoreau

Sonnige Gedanken

MB

Gibt es schließlich eine bessere Form,

mit dem Leben fertigzuwerden,

als mit **Liebe** und **Humor?**

Charles Dickens

Wenn es einen Glauben gibt,
der Berge versetzen kann,
so ist es der Glaube an die eigene Kraft.

Marie von Ebner-Eschenbach

Vertrauen zu sich selbst ist
Kraft und Kraft ist Freude
und Freude ist Leben.

Cäsar Flaischlen

Der höchste **Genuss** besteht in der

Zufriedenheit mit sich selbst.

Jean-Jacques Rousseau

Tu deinem **Leib** des Öfteren etwas Gutes,
damit deine **Seele** Lust hat, darin zu wohnen.

Teresa von Ávila

Denk also daran:
Gönne dich dir selbst.
Ich sage nicht: Tu das immer.
Ich sage nicht: Tu das oft.
Aber ich sage:
Tu es immer wieder einmal.
Sei wie für alle anderen
Menschen auch für dich
selbst da.

Bernhard von Clairvaux

Zeit für dich

Tipps für gute Laune:

1. Höre deine Lieblingsmusik.
2. Bereite dir dein Lieblingsessen zu.
3. Trage deinen Lieblingsduft auf.
4. Mache Sport, der dir Spaß macht, und setze Glückshormone frei!
5. Ruf deine beste Freundin oder deinen besten Freund an.

Es liegt eine wunderbare Heilkraft in der Natur.
Oft gibt der Anblick eines schönen
Abendhimmels, der Duft einer Blume
der bedrückten Seele Hoffnung
und Lebensmut zurück.

Sophie Alberti

Blumen sind das Lächeln der Erde.

Ralph Waldo Emerson

Was ist Natur?
Die Summe aller Wesen.

Claude-Adrien Helvetius

In den kleinsten Dingen zeigt die Natur
die allergrößten Wunder.

Carl von Linné

Die Natur ist ein unerschöpflicher Brunnen des Neuen, worinnen man beständig zu schöpfen findet.

Johann Jakob Breitinger

Jeder Tag ist ein neuer Anfang.

George Eliot

Apfel-Nuss-Bowl

Für 4 Bowls
4 Äpfel
2 Bananen
300 g griechischer Joghurt
2 TL Zimt
2 EL Akazienhonig

Für das Topping:
4 Handvoll Haselnüsse
80 g Mandelstifte
1 EL Honig
2 Äpfel
2 Handvoll Rosinen

Äpfel und Bananen schälen und die Äpfel entkernen. Das Obst grob würfeln und mit Joghurt, Zimt und Honig cremig pürieren. Auf vier Schüsseln verteilen. Für das Topping Haselnüsse und Mandelstifte kurz mit dem Honig in einer Pfanne rösten. Die Äpfel waschen, entkernen und in dünne Scheiben schneiden. Apfelscheiben und Nüsse gleichmäßig auf den Bowls verteilen und mit den Rosinen garniert servieren.

Leib & Seele

In jedem Menschen ist Sonne –
man muss sie nur zum Leuchten bringen.

Sokrates

Glück ist ein Schmetterling,
der sich immer unserem Griff entzieht,
wenn man ihn jagt, der sich aber auf uns
niederlässt, wenn wir ganz still dasitzen.

Nathaniel Hawthorne

Hab Sonne im Herzen,
ob's stürmt oder schneit.
Ob der Himmel voll Wolken,
die Erde voll Streit!

Hab Sonne im Herzen,
dann komme, was mag,
das leuchtet voll Licht dir
den dunkelsten Tag!

Cäsar Flaischlen

Freude ist
das Leben durch
einen Sonnenstrahl
gesehen.

Carmen Sylva

Sonne macht glücklich -

Sonnenstrahlen schütten Serotonin aus, ein Glückshormon, welches sich positiv auf unsere Stimmung auswirken kann und uns glücklicher macht. Wenn also die Sonne scheint, schließe die Augen und genieße einen kleinen Moment der Freude.

Kleiner Tipp: Falls die Sonne mal nicht scheint, hilft notfalls auch ein bisschen Schokolade. Auch sie fördert die Ausschüttung dieses Glückshormons.

Nichts bringt uns
auf unserem Weg
besser voran
als eine Pause.

Elizabeth Barrett Browning

Ahme den Gang der Natur nach.
Ihr Geheimnis ist Geduld.

Ralph Waldo Emerson

Die Augenblicke, in denen wir innehalten,
sind kostbar.

Voltaire

Ruhe, Stille, Sofa

und eine Tasse Tee

gehen über alles.

Theodor Fontane

Espresso-Kuchen mit Nuss

170 g Butter
150 g Zucker
1 Ei
170 g Mehl
1 TL Backpulver
½ TL Zimt
30 ml Espresso
6 EL Milch
Fett für die Form
2 EL Honig
90 g ganze gemischte Nüsse
(z. B. Walnüsse, Haselnüsse,
Mandeln, Cashews)

Butter mit Zucker schaumig schlagen. Das Ei zufügen und alles zu einer glatten Masse verrühren. Mehl und Backpulver mischen und einarbeiten. Dann Zimt, Espresso und Milch einrühren. Den Backofen auf 180 °C (Umluft 160 °C) vorheizen. Eine Springform von ca. 22 cm Durchmesser gut einfetten und den Teig einfüllen. Ca. 1 Std. backen (Stäbchenprobe), herausnehmen und abkühlen lassen. Den Honig in einem Topf erwärmen und die Nüsse gründlich darin wenden. Die Nuss-Honig-Mischung auf dem Kuchen verteilen.

Leib & Seele

Die Natur ist ein sehr
gutes Beruhigungsmittel.

Anton Tschechow

Übern Garten durch die Lüfte
hört ich Wandervögel ziehn,
das bedeutet Frühlingsdüfte,
unten fängt's schon an zu blühn.

Joseph von Eichendorff

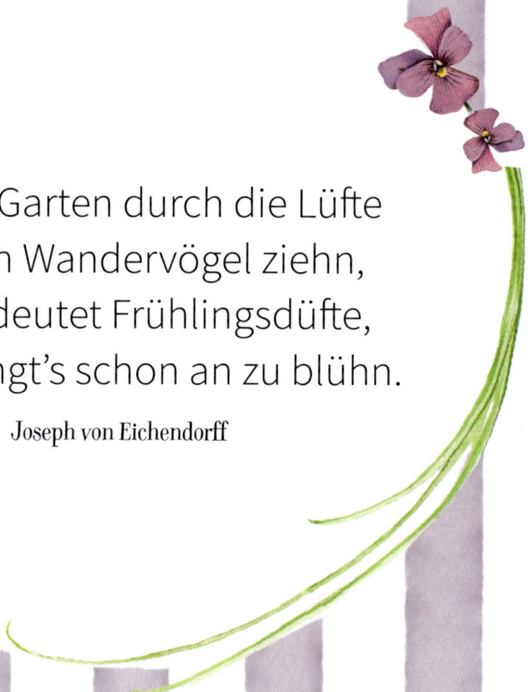

Aufgabe des Lebens,
seine Bestimmung ist Freude.
Freue dich über den Himmel, über die Sonne,
über die Sterne, über Gras und Bäume,
über die Tiere und die Menschen.

Leo N. Tolstoi

Man kann auf falschem Wege sein und doch zu den herrlichsten Aussichtspunkten gelangen.

Marie von Ebner-Eschenbach

Menschen zu finden,
die mit uns fühlen und empfinden,
ist wohl das schönste Glück auf Erden.

Carl Spitteler

Manchmal ist das Wichtigste am ganzen Tag
die Pause, die wir zwischen zwei
tiefen Atemzügen machen.

Etty Hillesum

Zeit für dich

Geh hinaus, genieße die Natur. Vielleicht gibt es in der Nähe einen Wald oder größeren Park oder du fährst einfach mal spontan aus der Stadt ins Grüne.

Nimm die Ruhe der Natur wahr, lausche den Rufen der Vögel, folge dem Treiben des Windes. Schließe die Augen, um deine Wahrnehmung zu schärfen, und genieße die Sonnenstrahlen auf deinem Gesicht.

Die Natur bietet uns ein Kontrastprogramm zum Alltagstreiben und kann uns helfen, mehr Ruhe in unser Leben zu integrieren.

Wir Menschen brauchen beides,
Geselligkeit und Einsamkeit,
um innerlich gesund zu bleiben.
Eins allein wird uns immer
krank machen.

Wilhelm von Kügelgen

Man muss **glücklich** sein,
um glücklich zu machen.
Und man muss glücklich machen,
um glücklich zu bleiben.

Maurice Maeterlinck

Wie doch Freude und Glück
einen Menschen schön machen!

Fjodor M. Dostojewski

Man muss träumen wollen,
um träumen zu können.

Charles Baudelaire

Der Frohsinn gleicht der kleinen Biene,
die auf die Blumen niedersinkt
und, taumelnd durch die süßen Düfte,
den Honig nur, und nie die Gifte
aus jungen Blumenkelchen trinkt.

Elisa von der Recke

Wir lagen auf der Wiese

und baumelten mit der Seele.

Kurt Tucholsky

Lächeln macht glücklich,

denn dabei wird die Amygdala stimuliert.
Das ist der Teil des Gehirns, der unter anderem für
Emotionen zuständig ist. Wenn wir also lächeln,
auch unabhängig von unserer Gemütslage,
dann erzeugen wir damit ein kleines Glücksgefühl.
Daher lächle morgens dein Spiegelbild an
oder begrüße eine andere Person mit einem
strahlenden Lächeln und verschönere so
euch beiden den Tag.

Die Freude steckt nicht
in den Dingen,
sondern im Innersten
unserer Seele.

Thérèse von Lisieux

Die Sonne blickt mit hellem Schein
so freundlich in die Welt hinein.
Mach's ebenso!
Sei heiter und froh!

Johann Gottfried Herder

Überall ist Wunderland.
Überall ist Leben.

Joachim Ringelnatz

Das Lachen ist die Sonne,
die aus dem menschlichen Antlitz
den Winter vertreibt.

Victor Hugo

Pilz-Omelett

Für den Teig:
125 g Mehl
1 Prise Salz
5 Eier
250 ml Milch
Öl zum Backen

Für die Füllung:
300 g Pilze
1 Zwiebel
½ Bd. Basilikum
3 EL Öl
75 ml Weißwein
75 ml Sahne
Salz & Pfeffer
30 g geriebener Emmentaler

Die Zutaten für den Teig vermischen und zugedeckt 30 Min. ruhen lassen. In einer Pfanne das Öl erhitzen. Pro Omelett knapp ½ Kelle Teig hineingeben und jede Seite etwa 2 Min. backen. Im auf 50 °C vorgeheizten Backofen warmhalten. Die Pilze putzen und in Scheiben schneiden. Zwiebel schälen und würfeln. Basilikumblätter abbrausen, trocken tupfen und fein hacken. Das Öl in einer Pfanne erhitzen und die Zwiebel kurz andünsten. Pilze hinzufügen und mit anbraten. Mit Wein und Sahne ablöschen. Bei mittlerer Hitze in 5–8 Min. einkochen lassen. Würzen und Basilikum untermischen. Die Omeletts füllen, einklappen und mit Käse bestreut servieren.

Leib & Seele

Lasst uns immer in den
grossen Traum des Lebens
kleine bunte Träume weben.

Jean Paul

Es ist und bleibt ein Glück,
vielleicht das Höchste,
frei atmen zu können.

Theodor Fontane

Wirf deine Angst ab,
verlass dich auf deine
inneren Hilfsquellen,
vertraue dem Leben
und es wird dir's vergelten.
Du vermagst mehr,
als du denkst.

Ralph Waldo Emerson

Abwechslung ist eine gute Medizin
für die meisten Leiden.

Christina von Schweden

Was immer du tun kannst
oder wovon du träumst – fang damit an.
Mut hat Genie, Kraft und Zauber in sich.

Johann Wolfgang von Goethe

Zeit für dich

Gibt es etwas, das du immer schon einmal ausprobieren wolltest? Dann warte nicht länger, in dir steckt noch viel mehr, als dir bewusst ist. Egal ob ein neues Musikinstrument, ein lang geplanter Balkongarten oder eine neue Sportart – fang einfach an. Und selbst wenn das Instrument mal schief klingt oder das Ergebnis am Anfang nicht perfekt ist, die Hauptsache ist, dass du Freude daran hast und stolz auf dich bist, etwas Neues ausprobiert zu haben.

Das Leben ist bezaubernd.

Man muss es nur durch die
richtige Brille sehen.

Alexandre Dumas

Komm, lass uns gehen.
Schnee schauen, Sake trinken.
Taumeln wie Flocken

Matsuo Bashō

Der **Augenblick** ist kostbar,

wie das Leben eines Menschen.

Friedrich von Schiller

Wer könnte mit
Freiheit, Büchern,
Blumen und
dem Mond nicht
glücklich sein?

Oscar Wilde

Die Art,
wie man gibt,
bedeutet mehr,
als was man gibt.

Pierre Corneille

Die Sonne scheint für dich – deinetwegen;
und wenn sie müde wird, beginnt der Mond,
und dann werden die Sterne angezündet.

Søren Kierkegaard

Man kann einen seligen, seligsten Tag haben,
ohne etwas anderes dazu zu gebrauchen
als blauen Himmel und grüne Erde.

Jean Paul

Das Glück liegt in uns, 
nicht in den Dingen.

François de La Rochefoucauld

Freuden,

die man andern macht,
strahlen auf uns zurück.

Anna Ritter

Überrasche jemanden!

Ob Blumen für die beste Freundin,
ein spontaner Anruf bei einem alten
Bekannten oder ein Stückchen Kuchen
für die nette Nachbarin – schon die
kleinsten Gesten können zu schönen
Momenten mit wunderbaren Gesprächen
führen und schenken Licht und Freude
auf beiden Seiten.

Man muss sein
Glück teilen,
um es zu
multiplizieren.

Marie von Ebner-Eschenbach

Immer, wenn ich mitten im Alltag innehalte
und gewahr werde, wie viel mir geschenkt ist,
werden die zahllosen Selbstverständlichkeiten
zu einer Quelle des Glücks.

Gustave Flaubert

Selig sind die Stunden des Nichtstuns,
denn in ihnen arbeitet unsere Seele.

Egon Friedell

Den Puls des eigenen
Herzens fühlen.
Ruhe im Innern,
Ruhe im Äußern.
Wieder Atem holen lernen,
das ist es.

Christian Morgenstern

Toskanischer Brotsalat

1 Ciabatta
5 EL Olivenöl
2 EL grüne Oliven
2 EL schwarze Oliven
2 große reife Fleischtomaten
abgezupfte Blätter von
½ Bd. Basilikum
Salz
Pfeffer
6 EL weißer Balsamico
50 g Parmesan am Stück
Küchenreibe

Das Brot in Scheiben und dann in Würfel schneiden. In einer Pfanne 2 EL Olivenöl erhitzen und Brotwürfel darin rundherum goldgelb anrösten. Die Oliven, wenn nötig, entsteinen und grob hacken. Die Tomaten putzen und würfeln. Das Brot mit den Tomaten, den Oliven und dem Basilikum mischen. Mit Salz, Pfeffer, Balsamico und dem restlichen Olivenöl würzen und mindestens 1 Std. durchziehen lassen. Vor dem Servieren großzügig mit Parmesan überhobeln.

Leib & Seele

Entspanne dich. Lass das Steuer los.
Trudele durch die Welt. Sie ist so schön:
gib dich ihr hin, und sie wird sich dir geben.

Kurt Tucholsky

Mögen deine Gedanken manchmal
mitten am Tag auf eine Reise gehen,
in ferne Welten eintauchen,
fremd und verlockend, bunt und schön.

Irischer Segenswunsch

Jedes Lachen vermehrt das Glück auf Erden.

Jonathan Swift

Lachen ist gesund. Freude ist Balsam.

Johann Heinrich Pestalozzi

Die Liebe ist göttlichen Ursprungs;
sie wirkt wie der Sonnenstrahl,
alles durchdringend, erwärmend,
erleuchtend, verklärend, belebend:
sie ist die Sonne der Seele.

Julie Burow

Zeit für dich

Zu viel negativer Stress ist nicht gut und wird auf Dauer zu einer hohen Belastung. Nimm dir deswegen ab und zu bewusst eine Auszeit.

Wie wäre es mit einem entspannenden Bad, einer Stunde in der Sonne oder einem Stück Kuchen in deinem Lieblingscafé? Gönne dir im Alltag Zeit für dich und schaffe dir ein bisschen Sonntagsfeeling.

Die Sonne ist
die Universalarznei aus der
Himmelsapotheke.

August von Kotzebue

Das höchste Gut ist die
Harmonie der **Seele** mit sich selbst.

Lucius Annaeus Seneca

Sei vergnügt bis um 10 Uhr morgens. Der Rest des Tages wird dann wie von selber laufen.

Elbert Hubbard

Die Uhr, sie zeigt die Stunde,
die Sonne teilt den Tag;
doch was kein Aug erschaute,
misst unsres Herzens Schlag.

Franz Grillparzer

Wie die Sonne das Licht des Tages ist,
so ist auch die Seele das Licht des wachenden Körpers.
Und wie der Mond das Licht der Nacht ist,
so ist auch die Seele das Licht des schlafenden Körpers.

Hildegard von Bingen

Weniger Routine, mehr Leben!

Amos Bronson Alcott

Arbeite nie vor dem Frühstück;
musst du vor dem Frühstück arbeiten,
iss erst dein Frühstück.

Josh Billings

Wann hast du das letzte Mal einen
netten Gruß oder eine Postkarte verschickt?
Bist du vielleicht bald im Urlaub
oder machst einen Ausflug?
Teile schöne Momente mit deinen Liebsten
und sende ihnen einen persönlichen Gruß.
Es muss nicht unbedingt ein ausgefallener
Ort sein, über Grüße aus schönen Ecken
deiner Heimat freuen sich Freunde oder Familie
bestimmt ebenso sehr.

Wenn du am Morgen erwachst,
denke daran,
was für ein köstlicher Schatz es ist
zu leben, zu atmen
und sich freuen zu können.

Mark Aurel

Der gegenwärtige **Augenblick** ist stets voll **unendlicher Schätze.**

Jean Pierre de Caussade

Wenn man seine Ruhe nicht in sich findet,
ist es zwecklos, sie andernorts zu suchen.

François de La Rochefoucauld

In uns selbst liegen die Sterne
unseres Glücks.

Heinrich Heine

Ruhe ist Glück –

wenn sie ein Ausruhen ist.

Ludwig Börne

Mit den Menschen ist es wie mit den Blumen:
Sie brauchen nicht nur Wasser,
sondern auch Sonne!

Julius Langbehn

Spinat für Sonnentage

200 g junger Spinat
(kl. Blätter)
1 Salatgurke
1 Bd. Radieschen
4 EL Oliven
1 Senfgurke
150 g Champignons
Saft von ½ Zitrone
4 EL gehackter Schnittlauch
100 g saure Sahne
5 EL Sonnenblumenöl
1 EL Kräuteressig
½ TL Zucker
Salz
Pfeffer

Spinat, Gurke und Radieschen putzen und in dünne Scheiben schneiden. Oliven halbieren und die Senfgurke in Würfel schneiden. Champignons putzen, vierteln und mit dem Zitronensaft beträufeln. Die vorbereiteten Zutaten mit dem Schnittlauch in eine große Schüssel geben und vorsichtig mischen, damit die empfindlichen Spinatblätter nicht matschig werden. Saure Sahne, Öl, Essig, Zucker, Salz und Pfeffer gründlich verrühren und das Dressing über den Salat geben. Gleich servieren.

Leib & Seele

Es gibt nichts Schöneres als
die Lieblichkeit der Wälder,
bevor die Sonne aufgeht.

George Carver

Sechzig Sekunden der **Träumerei** sind
sechzig Sekunden lebendiger **Ruhe** für Leib und Geist.

Prentice Mulford

Was ohne Ruhepausen geschieht,

ist nicht von Dauer.

Ovid

Unsere Taten begleiten uns noch lange auf unserer Reise,
und was wir einmal waren, macht uns zu dem, was wir sind.

George Eliot

Das Glück ist ein Mosaikbild,
das aus lauter unscheinbaren
kleinen Freuden zusammengesetzt ist.

Daniel Spitzer

Zeit für dich

Übung zur Achtsamkeit:

Suche dir einen ruhigen Platz
und schließe deine Augen.
Folge deinem Atem.
Ein und aus.

Wenn deine Gedanken
abschweifen, hole sie wieder
zurück zu deiner Atmung. Spürst du,
wie sich die Ruhe in dir ausbreitet?

Genieße das Gefühl und lass dich
fallen. Öffne nach ein paar Minuten
langsam die Augen und nimm
das Gefühl der inneren Ruhe mit
in deinen Tag.

Suche die kleinen Dinge,
die dem Leben Freude geben.

Konfuzius

In der Natur fühlen
wir uns so wohl,
weil sie kein Urteil
über uns hat.

Friedrich Nietzsche

Wer mit sich selbst in Frieden leben will,
muss sich so akzeptieren, wie er ist.

Selma Lagerlöf

Der Winter ging, der Sommer kam.
Er bringt aufs Neue wieder
den vielbeliebten Wunderkram
der Blumen und der Lieder.

Wilhelm Busch

Frischer Morgen!
Frisches Herz!
Himmelwärts!
Lass den Schlaf nun,
lass die Sorgen!

Joseph von Eichendorff

Das Lachen ist der Regenbogen,
der dunklem Grund
des Sturmes entsteigt.

Anastasius Grün

Wir fokussieren uns oftmals
auf die negativen Dinge im Leben.
Dabei denken wir darüber nach, was
besonders schlecht läuft oder noch besser
werden kann in unserem Alltag.
Frage dich heute lieber einmal:

Was läuft denn aktuell gut?
Was hat dich positiv überrascht?

Mache dir die schönen Momente
deines Lebens bewusst.

MB

Sonnige Gedanken

Ein wenig Sonnenschein und Tau
braucht jedes Blümlein auf der Au.
Das kleine Herz ein wenig Liebe,
denn sonst verwelkt's im Weltgetriebe.

Friedrich Pesendorfer

Das Glück der Menschen liegt nicht in Geld und Gut,
sondern es liegt in einem Herzen,
das eine wahrhafte Liebe und Zufriedenheit hat.

Adolph Kolping

Ich bin Ich
und hoffe,
es immer mehr
zu werden.

Paula Modersohn-Becker

Die höchste Vollkommenheit der Seele ist ihre Fähigkeit zur Freude.

Luc de Clapiers

Glück ist ein Wunderding.
Je mehr man gibt, desto mehr hat man.

Madame de Staël

Gefüllte Champignons

250 g große Champignons
1 Schalotte
2 EL Olivenöl, plus etwas für die Form
50 g Speckwürfel
50 g getrocknete Tomaten in Öl
½ Bd. Petersilie
100 g Ricotta
Salz
Pfeffer

Den Ofen auf 200 °C vorheizen. Champignons putzen, die Stiele entfernen und klein schneiden. Schalotte schälen, würfeln und in Öl andünsten. Die Speckwürfel zugeben und kurz mitbraten. Die getrockneten Tomaten abtropfen lassen und klein schneiden, Petersilie abbrausen, trocken tupfen und hacken. Ricotta mit Schalotte, Speckwürfeln, Champignonstielen, getrockneten Tomaten und Petersilie verrühren und mit Salz und Pfeffer würzen. Die Champignons mit der Masse befüllen und in einer gefetteten Auflaufform ca. 15 Min. im Ofen garen.

Leib & Seele

Gib und vergib von Herzen gern,
das ist des Glückes Keim und Kern.

Richard Dehmel

Schön ist's, glücklich zu sein,
doch schöner ist's, glücklich zu machen.

Ernst Ziel

Alle Sorgen nur
auf morgen!
Sorgen sind
für morgen gut.

Johann Wolfgang von Goethe

Ein gutes liebes Wort ist
immer ein **Lichtstrahl,**
der von Seele zu **Seele** geht.

Hans Thoma

Wenn du einen Garten
und eine Bibliothek hast,
wird es dir an nichts fehlen.

Marcus Tullius Cicero

Es gibt ein Wort, das jedem als
praktische Lebensregel dienen könnte:

Gegenseitigkeit.

Konfuzius

Zeit für dich

Entspannung ist wichtig und hilft dir, Kraft zu tanken. Wie wäre es mal wieder mit einer Gesichtsmaske? Während sich deine Haut vom stressigen Alltag erholt, kannst du in Ruhe ein Buch lesen, Musik hören oder einfach mal die Augen schließen.

Kleiner Tipp: Mit ein bis zwei Esslöffeln Quark und etwas Honig lässt sich wunderbar eine schnelle Maske selbst zubereiten. Achte darauf, ob sich die Mischung auf deiner Haut gut anfühlt, und passe sie entsprechend an. Spar beim Auftragen die Augenpartie aus, schließe die Augen und genieße den Moment. Nach ca. 15 Minuten kannst du die Maske mit lauwarmem Wasser wieder abwaschen.

Wandern ist die vollkommenste Art der Fortbewegung, wenn man das wahre Leben entdecken will.

Es ist der Weg in die Freiheit.

Elizabeth von Arnim

Es gibt eine Stille,
in der man meint,
man müsse die einzelnen
Minuten hören, wie sie in
den Ozean der Ewigkeit
hinuntertropfen.

Adalbert Stifter

Man kann sich wohl den Weg wählen,
aber nicht die Menschen, denen man begegnet.

Arthur Schnitzler

Blicke in die schöne Natur
und beruhige dein Gemüt über das Müssende.

Ludwig van Beethoven

Das Glück ist

nicht in einem ewig lachenden Himmel
zu suchen, sondern in ganz
feinen Kleinigkeiten,
aus denen wir unser Leben
zurechtzimmern.

Carmen Sylva

Johannisbeer-Eis am Stiel

150 g rote Johannesbeeren
100 g Naturjoghurt
2 EL Ahornsirup
Eisformen
feines Sieb

Die Johannesbeeren von den Rispen ablösen, waschen und mit einem Mixstab fein pürieren. Fruchtpüree im Anschluss durch ein feines Sieb passieren. Den Naturjoghurt mit dem Ahornsirup verrühren. Eisformen bereitstellen und Fruchtpüree im Wechsel mit dem gesüßten Joghurt einfüllen. Mit dem Püree abschließen. Formen für ca. 1 Stunde in das Gefrierfach stellen. Dann herausnehmen, die Stiele der Eisformen einstecken und für mind. 3 Stunden vollständig gefrieren lassen.

Leib & Seele

FSC
www.fsc.org
MIX
Papier | Fördert
gute Waldnutzung
FSC® C104723

ISBN 978-3-649-64682-2

Hafenweg 30, 48155 Münster, Germany

Grafische Gestaltung: Beate Kahramanlar
Redaktion: Charlotte Horvath

www.coppenrath.de